AF247241

NOTICE

BIOGRAPHIQUE

SUR

JEAN-LOUIS

ET

SON ÉCOLE.

MONTPELLIER,
IMPRIMERIE RICARD FRÈRES,
Plan d'Encivade, 4.
1866.

Lith. DONNADIEU
a Montpellier

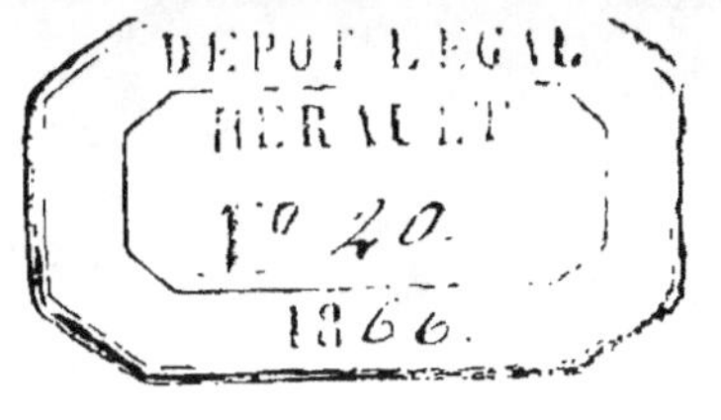

NOTICE

BIOGRAPHIQUE

SUR

JEAN-LOUIS

ET

SON ÉCOLE.

MONTPELLIER,
IMPRIMERIE RICARD FRÈRES,
Plan d'Encivade, 4.

1866.

JEAN-LOUIS

ET

SON ÉCOLE.

Dans la matinée du 19 Novembre 1865, un cortége religieux
et militaire, suivi de quelques amis dévoués, accompagnait
à sa dernière demeure un de ces rares débris de la Grande
Armée. Au moment de se séparer de lui, un des vieux compagnons, groupés autour de son cercueil, a prononcé une
allocution qui a rappelé, brièvement mais avec vérité, la vie
de cet homme d'honneur et de bien. Chacun a été ému en
écoutant ces adieux ou plutôt cet au-revoir prononcé, avec un
invincible attendrissement, par M. NEVET, Président de la
Société de Ste-Hélène.

Tous ces vieux braves, morts ou encore vivants, n'ont-ils point
leur immortalité, et la légende sera-t-elle assez sublime pour
parler de leur ciel?.... C'est là où ils retrouveront, ils en ont
la foi, le vieil ami qui désormais ne répondra plus à l'appel :

MICHEL (Jean-Louis), le vaillant soldat de la fameuse 32me
demi-brigade, né à St-Domingue, en 1785. Il vint en France dès
son bas âge, car nous le trouvons à Montauban, en 1793, lisant
à demi-voix la bible dans une grande cave, au milieu de pieux
réformés que le régime de la terreur forçait à se réunir clan-
destinement. Combien ne fallait-il pas que cet enfant, âgé au

plus de 8 ans, inspirât déjà de confiance pour qu'il fût admis dans des réunions qu'une indiscrète étourderie suffisait à rendre criminelle !

JEAN-LOUIS a assisté à plus de quarante batailles ou combats importants livrés par l'armée française en Égypte, en Italie, en Prusse, en Russie, en Espagne, etc., etc., sur les frontières même de notre patrie qu'il servit généreusement pendant quarante ans.

Comment se fait-il qu'un homme tel que lui, doué de force, de courage et d'une intelligence supérieure, soit resté dans les rangs des sous-officiers de cette glorieuse armée, alors que chaque troupier portait dans sa giberne le bâton de Maréchal de France ?

Il y a soixante-dix ans, un Colonel, en passant la revue de son régiment, s'arrête devant le peloton des enfants de troupe : « Que ferons-nous de ce petit moricaud ? » dit-il, avec humeur, désignant à ses officiers un des pupilles de son régiment, qui tant bien que mal soutenait, sur ses maigres jambes arquées, son corps chétif surmonté de sa tête de mulâtre. A cette époque, le chétif, le malingre, cadraient mal au milieu des hardis et des forts que 93 avait formés.

Un vieil officier qui se trouvait auprès du Colonel se prit à dire : « Ce moricaud n'a besoin que de beaucoup de développe-
» ments ; il n'y a qu'à l'envoyer à notre maître d'armes qui en
» fera son affaire. »

Ce qui fut dit fut fait. Le petit moricaud fut bien long-temps à pouvoir habituer ses jambes à la fente, et plus d'une rude correction dût lui servir d'encouragement, sans compter toutes les facéties et les moqueries que lui attiraient, à chaque instants, les impossibilités physiques que la vicieuse conformation de ses membres lui infligeait dans un exercice qui exige beaucoup d'assurance et de souplesse. Mais de quelles difficultés ne triomphe-t-on point avec de la volonté! Le petit moricaud était mal bâti, mais il avait beaucoup de cœur et une forte tête. Il sut s'en servir, assez promptement encore, pour se fortifier quant au corps, gagner la considération de ses camarades et l'estime de ses chefs. Le petit moricaud avait grandi et faisait fort bien des armes. Désormais son nom était connu : on ne l'appelait plus que JEAN-LOUIS.

Le hasard avait voulu qu'un pareil élève se trouvât sur le chemin d'un de ces professeurs émérites qui ont le génie et la passion de leur art. Ce maître, dont le nom complétement inconnu aujourd'hui, et que nous sommes heureux de pouvoir rappeler, était belge, et s'appelait M. D'ERAPE. Il était de très-bonne famille; mais, sans fortune, il se trouvait réduit aux seules ressources de 1er maître d'armes de régiment. Le professeur ne put réprimer un mouvement de mauvaise humeur à la vue du nouvel élève qu'on lui imposait et dont la physionomie n'annonçait que de l'inaptitude. Il l'abandonna donc aux mains de ses prévôts, et ne s'en occupa que très-peu. Mais c'était assez pour JEAN-LOUIS : il pouvait se tenir dans un coin de la salle, voir, examiner, étudier le maître, chercher à s'approprier ses moyens; il lui fallait sans doute beaucoup d'énergie, beaucoup de patience et de volonté pour parvenir dans ces conditions!.... Il lui fallait, avant tout, cet esprit de réflexion et d'analyse qui fut le caractère dominant de son talent.

Les progrès sensibles et les preuves d'intelligence du jeune élève ne pouvaient échapper à un maître comme M. D'ERAPE; il le suivit, dès lors, avec une grande attention; il sut trouver et employer des moyens pour développer rapidement le jeune mulâtre. Dirigé par lui pendant quelque temps encore, JEAN-LOUIS acquit bientôt toutes les qualités qui forment le tireur supérieur, et qu'il devait perfectionner de jour en jour. Toute

sa vie il garda une religieuse vénération pour ce bon maître,
le plus fort tireur qu'il eût connu, disait-il, et se voua éter-
nellement à cet art qui lui avait donné à jamais la force et
la santé.

C'était, en effet, une merveille que cette transformation : le
chétif mulâtre avait acquis un développement musculaire et
une prestance magnifique. Grâce à la savante direction qui lui
fut donnée, autant qu'à son travail intelligent, il put s'assimiler
les plus précieuses qualités de son maître : cette souplesse
générale du corps et cette légèreté de main dont il ne cessait
de parler.

En même temps l'intelligence, que la nature ne lui avait
point refusée, prit son essor ; et comme son goût naissant
pour les armes n'était point distrait par l'ambition qu'aurait
pu faire naître en lui une instruction et une éducation qu'il
n'avait jamais reçues, il reporta sur l'escrime toutes les apti-
tudes naturelles ou acquises dont il pouvait disposer, et qui
ne pouvaient que s'accroître de jour en jour par la volonté,
la réflexion et la constance qui faisaient le fond de son
caractère.

Ce caractère avait encore une qualité non moins remarquable,
qui précisément servit le plus à ses succès, à sa réputation :
c'était la modestie.

L'homme vraiment modeste apporte dans toutes ses actions
une simplicité et un naturel qui doublent souvent sa valeur
personnelle : instinctivement il repousse tout ce qui a l'air
d'appeler l'attention sur lui ; il n'a que faire du maniéré, de
l'ornementation, des fioritures, etc.

De bonne heure JEAN-LOUIS s'appliqua à faire des armes
avec simplicité ; il avait compris que l'escrime est une espèce
de science des mouvements du corps ; il en étudia constamment les règles et l'harmonie. Partout où il allait, il re-

cherchait les occasions de faire ou de voir faire des armes
pour étudier et acquérir de nouvelles connaissances, cherchant
tout ce qui pouvait simplier le jeu, régulariser les mouvements
et les coordonner entre eux. Il s'appliquait, avant tout, à sup-
primer tout ce qui lui paraissait inutile : les voltes, les pirouettes,
les sauts, les saluts affectés, les pauses capricieuses le cho-
quaient et lui paraissaient indignes d'un art sérieux. Aussi
combien les vrais amateurs d'escrime admiraient-ils sa garde
simple, naturelle et bien assise, le développement de sa fente,
sa rapidité dans l'attaque, son impassibilité dans la défensive,
enfin la régularité, même dans les circonstances les plus im-
prévues, de tous ses mouvements qui semblaient s'enchaîner
les uns aux autres !

Mais ce n'était pas seulement dans les assauts que JEAN-LOUIS
déployait de si belles qualités : avec l'amour de son art avait
grandi une autre passion plus noble, plus grande, plus féconde.

L'enseignement fut son premier devoir, son mérite le plus vrai,
et d'ailleurs la source la plus pure de sa réputation, car il sut s'é-
lever jusqu'à la méthode ; il a créé des principes qui sont déjà
très-répandus, grâce aux bons et nombreux élèves qu'il a formés. Certainement l'avenir réserve à l'École de JEAN-LOUIS une
prospérité qui triomphera des préjugés, des routines ou des
innovations prétentieuses et éphémères. Il est cependant bien
regrettable que sa modestie l'ait empêché de laisser une méthode
écrite, où tous ses principes bien arrêtés, ses observations si
nombreuses, ses études si approfondies, fussent expliquées et
résumées pour servir de guide à ceux qui, dans l'avenir,
voudraient s'adonner sérieusement à ses principes.

Développer progressivement l'élève; scruter attentivement
ses moyens et ses défauts, les compenser à propos les uns par
les autres ; donner pour toujours de l'assurance dans l'assiette
du corps, un jeu large dans les articulations ; unir la vigueur

et la promptitude au moelleux et à la souplesse ; régulariser, coordonner tous les mouvements avec une grâce sévère, les rendre presque solidaires les uns des autres ; habituer l'élève à sentir et à juger les mouvements, à les lire, pour ainsi dire, aussi rapidement que des notes de musique ; s'occuper, avant tout, de l'intelligence de l'élève ; s'assurer, par tous les moyens, qu'il n'est pas une simple machine qui exécute des mouvements, mais qu'il a la conscience de ce qu'il fait : tels sont, en résumé, les principes de la méthode de JEAN-LOUIS.

Ces principes, il les a créés ; on peut dire qu'il a eu le génie de l'escrime, car il les a composés avec ses propres ressources ; il a suppléé à une instruction et à une éducation première par un travail incessant et un grand esprit d'observation.

C'est ainsi que cet homme modeste s'est élevé jusqu'à la célébrité. Désormais le nom de JEAN-LOUIS s'inscrira à côté de ceux de ANGELO, Sᵗ-DIDIER, FABIEN DE LYANCOUR, DÉON DE BAUMONT, BESNARD, DE Sᵗ-ANGE, LABOËSSIÈRE, DE Sᵗ-GEORGES, GOMARD, comte DE BONDY, etc.

On ne s'étonnera donc plus que JEAN-LOUIS ait résisté aux instances qui pouvaient lui être faites, à l'avancement qui lui fut bien souvent proposé. Il refusa constamment de sortir du rang modeste qu'il occupait, et préféra, aux faveurs de la gloire militaire, une situation tout-à-fait précaire qui lui permettait de se livrer entièrement à ses nobles travaux.

D'ailleurs, le bas officier ne laissa pas, tout jeune encore, de s'attirer l'attention et la considération, non-seulement de ses supérieurs, mais encore de quelques personnages considérables de l'époque.

A 30 ans, déjà sa réputation était faite dans toute l'armée. Des circonstances vraiment extraordinaires, où il montra autant d'adresse que de cœur, lui valurent cette renommée. Qu'il nous suffise d'en citer une, celle qui, par l'apparat dont elle fut entourée, le retentissement qu'elle eut , comme le prouve un document presque officiel qui est sous nos yeux, et où toutes ses qualités se montrèrent avec éclat, est restée une des plus mémorables. Le bon maître ne nous entend plus ; parlons sans crainte de troubler sa modestie :

En 1814, le 32me régiment, dont JEAN-LOUIS était le tambour-major, faisait partie de la 3me division de l'armée d'Espagne, et venait d'arriver à Madrid après de rudes étapes. Une centaine de sous-officiers et soldats de ce régiment, vrais zouaves de l'époque, se trouvèrent en fête dans un des faubourgs de cette capitale ; ils eurent, on ne sut jamais pourquoi, dispute avec des militaires du 1er régiment composé, en grande partie, d'un ramassis d'anciens brigands italiens qui ne faillirent pas , en cette circonstance, de se servir de leur argument coutumier : le couteau. Il s'ensuivit une rixe sanglante qui nécessita l'intervention sévère des chefs; ce qui n'apaisa point l'animosité réciproque des deux régiments. Les chefs, redoutant que cette animosité n'entraînât un conflit plus sérieux, comme cela s'était vu déjà en d'autres circonstances, avisèrent un moyen expéditif et conforme aux mœurs militaires. Il fut convenu que les maîtres d'armes et les prévôts des deux régiments, assumant pour ainsi dire sur eux toute la gravité de la querelle, et pour la vider honorablement, se battraient en duel.

Quinze tireurs, premier maître compris, furent désignés de part et d'autre : en tout trente.

Le premier maître du 1er régiment s'appelait Giacomo FERRARI, élève de l'ancienne école italienne, et fort en renom alors, car, avant d'entrer au corps, il avait tenu une académie à Florence, et passait pour avoir à son service une foule de bottes secrètes.

Cet adversaire ne fit point sourciller JEAN-LOUIS qui ne posséda jamais de bottes secrètes, mais qui connaissait les vrais secrets de l'escrime, entre autres une bonne méthode et une grande présence d'esprit pour saisir, à son profit, les défauts et même les qualités de l'épée qui croisait la sienne.

Le combat eut lieu, ainsi que le raconte M. DE FAULQUEMONT à qui nous allons laisser la parole, au centre d'un petit vallon encaissé par des collines qui servirent d'amphithéâtre à plus de 50,000 spectateurs.

« Agile comme la panthère de son pays natal, le mulâtre, sans laisser à son adversaire le temps d'essayer une ruse florentine, dégage prestement dans les armes et lui porte un coup droit qui le touche à l'épaule. Malgré sa blessure, Giacomo veut continuer le combat et riposte ; au moment même, il se sent frappé au-dessous du sein gauche et tombe roide mort.

»Les prévôts du 1er régiment se précipitent pour venger leur premier maître et se présentent tour à tour jusqu'au N° 13, que ses camarades épouvantés emportent sans connaissance.

» Dans cette lutte héroïque qui avait à peine duré 40 minutes, le tambour-major du 32me avait frappé ses adversaires de vingt-sept coups d'épée, dont trois étaient mortels. Les deux derniers compagnons de Giacomo FERRARI hésitèrent un instant à croiser le fer. Une invincible terreur s'était emparée d'eux, et, s'interrogeant du regard, ils semblaient très-disposés à se céder réciproquement l'honneur de l'initiative. Le Colonel du 32me, profitant de cette trève momentanée, engagea JEAN-LOUIS, qu'il supposait brisé de fatigue, à laisser le soin du reste à un de ses prévôts. — Non, mon Colonel, non ; je ne quitterai pas le champ de bataille tant que j'aurai une goutte de sang dans les veines et du fer à la main.

»Le mulâtre, accompagnant ces mots d'une pantomime énergique, perça avec la pointe de son fleuret, imprudemment jetée en arrière, la cuisse d'un de ses témoins.

»A l'aspect du sang d'un de ses camarades, le lion devint agneau, sa colère s'éteignit, son arme tomba, et des larmes abondantes jaillirent de ses yeux. Cet incident mit fin au combat ; les témoins de chaque parti s'empressèrent autour des blessés ; les militaires des deux régiments, semblant considérer par un accord tacite, mais unanime, l'affaire comme terminée, se groupèrent pêle-mêle autour du vaillant mulâtre qui reçut leurs félicitations avec la souriante modestie d'une jeune fille complimentée, à la suite d'un succès de bal, par ses admirateurs. Dès ce moment, toute animosité fut à jamais détruite entre les corps rivaux dont les sous-officiers ainsi que les soldats retournèrent, bras dessus, bras dessous, à leurs cantonnements, où ils arrosèrent du Xérès de l'estime l'*olla podrida* de la réconciliation. »

JEAN-LOUIS, dans sa jeunesse, a eu beaucoup de duels, non pas qu'il fût d'humeur batailleuse, mais il sacrifiait aux mœurs de son époque et de sa profession de militaire. Parmi une trentaine de duels qu'il a eus, en voici un qui ne laisse pas d'offrir une certaine originalité : il avait rencontré, dans divers assauts, un tireur assez médiocre, mais très-orgueilleux, et qui disait à tous propos que faire des armes avec un fleuret, ou l'épée à la main, c'était bien différent. A plusieurs reprises, ce bravache essaya de chercher querelle à JEAN-LOUIS pour se battre avec lui. Un jour, poussé à bout, et voulant surtout rabattre son orgueil, JEAN-LOUIS lui répondit : « J'y consens ; mais, avec un tireur de votre force, je ne puis accepter qu'à la condition, ou bien je tirerai de la main gauche, ou bien je me servirai d'un fleuret boutonné lorsque le vôtre ne le sera pas. » Le maître d'armes eut la faiblesse, pour ne pas dire la lâcheté, d'accepter cette dernière proposition. Les témoins essayèrent en vain de s'opposer à cette lutte qui semblait monstrueuse. Mais JEAN-LOUIS leur ayant assuré qu'il savait comment il se tirerait d'affaires, on le laissa agir, ayant toute confiance dans les mesures qu'il pouvait prendre et surtout

dans son sang-froid. Après avoir paré pendant quelques in-
tants, saisissant l'occasion, il lui flanque, par un coupé, un
violent coup de fouet qui le renverse dans un état plus pitoyable
peut-être qu'un bon coup d'épée, car le malencontreux conserva
long-temps sur sa figure, ainsi labourée, les marques de sa
ridicule blessure.

En 1815, Jean-Louis fut fait Chevalier de la Légion d'Honneur, et passa comme tambour-major dans le 3me régiment du
Génie. Sa réputation l'avait devancé dans ce corps où il obtint
très-vite l'estime, la confiance et l'affection de tous. Il y en-
seigna l'escrime avec beaucoup de succès, fit de nombreux et
bons élèves. Il porta surtout son attention à prévenir et à
éviter les malheurs qui résultent ordinairement des fréquentes
querelles que les militaires ont l'habitude de vider le fer à la
main ; il en apaisa le plus grand nombre, apporta tant de
précautions dans les apprêts qui précèdent ces rencontres, et
prit de si sages mesures dans ces tristes circonstances, que,
pendant plus de quinze ans qu'il resta dans son régiment, il n'y
eut pas un seul malheur à déplorer. Il avait dans sa salle, en
témoignage de ces faits, un certificat que son Colonel et tous
les officiers s'étaient empressés de lui donner, et qu'il mon-
trait à ses élèves comme son plus beau titre de gloire qu'il in-
voquait quand il voulait leur faire comprendre que l'escrime
était avant tout un exercice fait pour développer le corps, le
maintenir en santé, et en même temps faire acquérir cette
assurance physique et morale qui soutient cette dignité et cette
réserve qui distinguent l'homme comme il faut du bretteur.

Pour Jean-Louis, à part l'utilité incontestable qu'elle assure
au galant homme dans les circonstances solennelles de la vie
où la justice des hommes peut lui faire défaut, l'escrime devait
avoir une influence et un but plus élevé ; il l'avait étudiée et
scrutée dans toutes ses conséquences ; il en avait tiré et for-

mulé une théorie philosophique dont il a dû prouver la justesse à tous ceux qui ont pu suivre ses principes et voir comment il enseignait les élèves. Non-seulement c'est un des plus nobles et des plus agréables délassements; mais quelles ressources, quels avantages doit donner, dans le cours ordinaire de l'existence, quelquefois spontanément, un exercice qui assouplit les membres, les habitue à la fatigue, à obéir passivement à une volonté instantanée; qui fait acquérir cette finesse de tact si précieuse et que les aveugles portent à un si haut degré; qui stimule, entretient et utilise toutes les plus nobles facultés de l'âme: le sang-froid, la prudence, la rapidité de conception et d'exécution, la politesse, le respect, la sympathie, la générosité, le courage, etc.! Il n'y a pas d'exercice plus hygiénique et mieux approprié à nos mœurs modernes, peut-être un peu trop adoucies; dirigé avec sagesse, l'action musculaire qu'il détermine harmonieusement favorise les fonctions de la peau et celle des autres organes importants. On pourrait assurément faire une histoire très-intéressante de beaucoup de maladies organiques qui ont été guéries ou très-avantageusement modifiées par l'escrime telle que JEAN-LOUIS savait l'enseigner et l'appliquer; car, à bon droit, il avait cette prétention, et l'a soutenue très-avantageusement pendant plus de soixante ans.

Parmi les hautes célébrités de tout genre qui ont fréquenté la salle d'armes de JEAN-LOUIS, le professeur LALLEMAND était, certes, un des juges les plus compétents en matière d'hygiène, et il prisait fort toutes les ressources que l'exercice de l'escrime pouvait procurer; aussi, bien des malades que cet éminent docteur envoya dans la salle d'armes de JEAN-LOUIS, y trouvèrent-ils la santé.

L'art de l'escrime ainsi compris était une grande conception, et il est peut-être à regretter que JEAN-LOUIS n'ait pas été appelé sur un théâtre digne de lui, et où les moyens d'exécution lui eussent permis de développer son École. Chez les Allemands, il fût peut-être arrivé à une révolution dans l'éducation : les grandes réunions de gymnastes de ce pays, venus, l'année dernière, pour se mesurer avec nos tireurs, en est une preuve. Que n'aurait point fait un tel maître avec de tels éléments !

On ne saurait trop s'imaginer combien JEAN-LOUIS, qui n'avait jamais eu d'autre éducation que celle du troupier, possédait naturellement cette délicatesse d'esprit et ce tact spécial qui n'appartiennent pas toujours même à l'éducation la plus soignée. Il était d'une politesse antique ; il avait surtout le parfait sentiment autant de sa condition que de sa valeur personnelle ; de sorte que, sans jamais être obséquieux ou fier, il était toujours très-convenable. Cette qualité lui valut l'affection d'hommes de tous rangs ; ses inférieurs l'admiraient sans le jalouser, et ses supérieurs l'aimaient et l'honoraient particulièrement (1).

JEAN-LOUIS vint, à Montpellier, faire connaître ses qualités et ses talents, précisément à une époque où, comme partout en France, l'esprit de parti était en pleine fermentation ; la société était restaurée, mais non apaisée : les uns regrettaient le passé, les autres n'avaient pas assez du présent ; les uns grondaient, les autres s'imposaient ; on ne se battait point, mais on s'observait. La noblesse, en revenant, avait rapporté ses mœurs et surtout son éducation.

Les parvenus, et il n'en manquait pas, aimaient à singer les nobles. L'équitation et les armes ont toujours été deux exercices de bonne éducation ; aussi se mit-on à chevaucher et à

____

(1) Quand il eut pris sa retraite, JEAN-LOUIS fut souvent invité aux dîners que les Inspecteurs généraux offraient aux officiers ; qui plus est, il occupait alors la place d'honneur à côté de l'officier général.

escrimer. JEAN-LOUIS profita de cette belle émulation, et sut
en tirer de grands avantages, autant pour lui que pour l'art
de l'escrime ; il en entretint le goût et en promulgua le ton ;
il savait à propos composer des réunions, quelquefois très-
brillantes, où se faisaient les assauts les plus remarquables ;
il saisissait habilement les occasions de rapprocher certains
hommes, des tireurs de mérite ; il ordonnait, réglait tout
avec tant de sagesse et d'habileté, qu'il inspirait de la confiance à tout le monde, et pour nous servir d'une de ses
expressions familières : tout se passait si bien, sans bruit,
sans désordre, sans esclandre, et y était si décent et si con-
venable, que les dames, même les plus comme il faut,
prisaient singulièrement ces nobles spectacles. — C'était alors
le beau temps de l'escrime à Montpellier.

JEAN-LOUIS avait des habitudes de sobriété, d'ordre et de
sagesse ; il sut ménager et faire fructifier les ressources que
lui rapportaient ses leçons. C'est ainsi que le pauvre soldat
put amasser de belles économies qui lui permirent, quand il
prit sa retraite, de se fixer pour toujours à Montpellier, d'y
acheter une maison et d'y installer cette école d'escrime qui,
pendant trente ans, fit l'admiration de nombreux étrangers, et
qu'il modifiait et agrandissait à mesure que ses ressources
augmentaient, rendant ainsi à l'art ce que l'art lui faisait gagner.
Sa salle d'armes était vaste, bien ordonnée ; on pouvait y faire
jusqu'à six assauts simultanément sans se gêner ; un grand
vestiaire était annexé à cette salle et réunissait toutes les
commodités désirables. Tout était tenu dans un ordre parfait,
orné sévèrement comme il appartenait au caractère du Maître
qui donnait toujours l'exemple des bienséances (1). Ce bon
vieillard inspirait d'ailleurs un grand respect, et bien qu'aux

---

(1) De sa vie JEAN-LOUIS ne proféra un juron.

jours d'assaut il y eût beaucoup de monde, et quelquefois foule, jamais il n'y eut le moindre tumulte ; on n'entendait que le bruit des épées ou les paroles brèves qui coupent de temps en temps le silence qui convient dans un exercice où l'action captive entièrement l'attention.

La vieillesse semblait ne devoir jamais triompher de l'énergie de caractère et de la vigueur de constitution de JEAN-LOUIS ; cependant, à 80 ans, il fut atteint de cataracte double qui fut opérée par le professeur BOUISSON. Pendant un an environ, les succès de l'opération se maintinrent ; mais, au bout de ce temps, sa vue devint de plus en plus obscure. Malgré cette cruelle infirmité, il ne laissait pas de donner des leçons, du matin au soir, avec un égal entrain. Rien n'était surprenant comme de voir ce vénérable aveugle donner une leçon d'assaut, corrigeant des défauts que le sentiment seul du fer pouvait lui révéler, parer et riposter avec une assurance et une prestesse qui faisaient envie à plus d'un clairvoyant. Ne le touchait pas qui voulait ! Tant il avait su développer et conserver ce tact si exquis, qu'il devinait et suivait par la pensée un fer qu'il ne voyait plus.

Malgré sa cruelle infirmité, il put encore former des élèves. Il y a à peine trois ans, il se trouvait sans prévôt ; le Colonel du 3me du Génie l'autorisa à choisir, dans la salle d'armes de ce régiment, l'élève qui lui conviendrait ; il prit le plus jeune et le plus faible : AMOIR (Oscar) ; il en fit en très-peu de temps, non-seulement un fort tireur, mais un bon démonstrateur qui peut devenir un professeur remarquable s'il continue à travailler, surtout s'il sait profiter des préceptes et des conseils paternels que le vieux Maître cherchait à lui inculquer.

L'intelligence et le cœur n'avaient non plus faibli chez le vieux Maître : jusqu'à ses derniers jours, il entretenait correspondance avec ses anciens élèves et amis, particulièrement avec MM. Bonnet, à Paris, et Broutin, à Madrid, qu'il appelait ses chers enfants ; car il éprouva une joie de vrai père en apprenant, cette année même, que l'aîné de ses enfants, M. Bonnet, venait d'être nommé professeur d'escrime de la maison de l'Empereur et des Cent-Gardes. Il est vrai qu'il voyait dans cette nomination, non-seulement une haute distinction pour son élève, mais encore un moyen de plus de voir prospérer et se propager les principes de son École, dont M. Bonnet est sans contredit le plus digne héritier. A cette École, dont ils seront toujours fiers, appartiennent comme maîtres ou amateurs distingués :

MM. Frank de Saint-Étienne.

Le docteur Richard Gordon.

Gombaud, professeur d'escrime.

Louis de Saint-Étienne.

Kachler.

Mimiague, professeur d'escrime, à Paris.

Louis Gaventous, professeur d'escrime, à Bordeaux ; et bien d'autres que nous ne pouvons citer, faute de connaître leur nom.

Toute sa vie il fut bon et dévoué, fidèle à ses habitudes d'homme simple et modeste ; bien qu'il eût des amis puissants, il n'usa jamais de leur crédit pour lui-même, mais il s'en servit largement pour rendre service à tous ceux qui le méritaient.

C'est ainsi qu'aujourd'hui encore il y a, dans beaucoup de régiments, des premiers maîtres qu'il avait choisis et patronés. Toutes les infortunes trouvaient de l'écho dans sa grande âme et dans sa modeste bourse ; et s'il fit beaucoup d'ingrats, il n'eut jamais le moindre regret.

Au commencement de cette année, il perdit sa femme ; il

parut supporter ce malheur avec résignation ; mais , disait-il à ses intimes : « Avant un an j'irai trouver ma bonne com- » pagne » ; et quoique l'état de sa santé n'annonçât point chez lui une fin aussi proche , Dieu a voulu qu'il n'eût jamais failli à sa parole.

Certes ! la ville de Montpellier ne manque point de citoyens célèbres dont elle peut justement s'enorgueillir : JEAN-LOUIS, depuis nombre d'années , avait acquis droit de cité ; elle ne répudiera point le noble mulâtre qui fut toute sa vie , dans son humble sphère , un exemple pour les gens de sa pro- fession comme pour tout le monde , tant par les moyens supé- rieurs qu'il avait acquis par son énergie et par son travail , que pas ses vertus soutenues au milieu des vicissitudes sans nombre de sa longue et très-honorable carrière.

Son nom , connu et aimé de tous , était surtout répandu à l'étranger et entouré d'une auréole de gloire qui rejaillissait sur sa ville adoptive. Que de tireurs émérites sont venus demander à cette École la confirmation de leur talent ! Combien d'autres aussi ont vu s'évanouir une réputation imméritée et prétentieuse ! Des arrêts qu'elle a rendus, nous n'en connaissons pas qui aient été révoqués ; il est vrai qu'ils étaient prononcés avec une sévérité et une sûreté de conscience, surtout, qui ne pouvaient laisser aucun doute. Espérons que de ses élèves con- serveront quelques étincelles de son feu sacré, et que cette École, continuant sa tradition, se maintiendra à sa hauteur, à l'ombre de ce grand souvenir !...